To_____

From

_____

You have received this book as a gift. A gift from me. A gift that means I hate you. I really do.

And you

probably

know why.

Then read this
book and try
to realize how
deeply you
have hurt
me.

I hate you!

I hate you!

I really do!

l hate you!

l hate you!

l really do!

I hate you!

I hate you!

I really do!

l hate you!

l hate you!

l really do!

I hate you!

I hate you!

I really do!

I hate you!

I hate you!

I really do!

I hate you!

I hate you!

I really do!

l hate you!

l hate you!

l really do!

l hate you!

l hate you!

l really do!

l hate you!

l hate you!

l really do!

I hate you!

I hate you!

I really do!

l hate you!

l hate you!

l really do!

I hate you!

I hate you!

I really do!

I hate you!

I hate you!

I really do!

l hate you!

l hate you!

l really do!

I hate you!

I hate you!

I really do!

l hate you!

l hate you!

l really do!

I hate you!

I hate you!

I really do!

I hate you!

I hate you!

I really do!

I hate you!

I hate you!

I really do!

I hate you!

I hate you!

I really do!

l hate you!

l hate you!

l really do!

I hate you!

I hate you!

I really do!

I hate you!

I hate you!

I really do!

I hate you!

I hate you!

I really do!

I hate you!

I hate you!

I really do!

I hate you!

I hate you!

I really do!

I hate you!

I hate you!

I really do!

I hate you!

I hate you!

I really do!

I hate you!

I hate you!

I really do!

I hate you!

I hate you!

I really do!

l hate you!

l hate you!

l really do!

l hate you!

l hate you!

l really do!

l hate you!

l hate you!

l really do!

I hate you!

I hate you!

I really do!

I hate you!

I hate you!

I really do!

I hate you!

I hate you!

I really do!

I hate you!

I hate you!

I really do!

I hate you!

I hate you!

I really do!

I hate you!

I hate you!

I really do!

I hate you!

I hate you!

I really do!

I hate you!

I hate you!

I really do!

I hate you!

I hate you!

I really do!

l hate you!

l hate you!

l really do!

l hate you!

l hate you!

l really do!

I hate you!

I hate you!

I really do!

I hate you!

I hate you!

I really do!

l hate you!

l hate you!

l really do!

I hate you!

I hate you!

I really do!

I hate you!

I hate you!

I really do!

l hate you!

l hate you!

l really do!

l hate you!

l hate you!

l really do!

I hate you!

I hate you!

I really do!

I hate you!

I hate you!

I really do!

I hate you!

I hate you!

I really do!

I hate you!

I hate you!

I really do!

l hate you!

l hate you!

l really do!

I hate you!

I hate you!

I really do!

I hate you!

I hate you!

I really do!

l hate you!

l hate you!

l really do!

I hate you!

I hate you!

I really do!

I hate you!

I hate you!

I really do!

l hate you!

l hate you!

l really do!

l hate you!

l hate you!

l really do!

I hate you!

I hate you!

I really do!

I hate you!

I hate you!

I really do!

l hate you!

l hate you!

l really do!

l hate you!

l hate you!

l really do!

I hate you!

I hate you!

I really do!

l hate you!

l hate you!

l really do!

I hate you!

I hate you!

I really do!

I hate you!

I hate you!

I really do!

Now that

you know

how I feel.

The end.